Responsabilidade Social Corporativa no setor elétrico brasileiro: fatores institucionais, setoriais e corporativos

KARINA RUFFO

2014

RESUMO

Este estudo de caso objetiva entender as pressões institucionais que podem determinar os comportamentos corporativos socialmente responsáveis de organizações que operam no setor brasileiro de energia elétrica. Ele é baseado na Teoria Institucional, em especial nas proposições de Campbell (2006; 2007) para analisar as pressões sobre empresas brasileiras de energia elétrica para que se comportem de maneira socialmente responsável. A pesquisa empírica empregada incluiu um questionário e a análise de documentos, tais como: regulamentações industriais, *websites* de empresas e relatórios de Sustentabilidade/RSC. A pesquisa é apoiada institucionalmente pela Associação Brasileira de Companhias de Energia Elétrica (ABCE), que enviou os questionários em seu nome para empresas membros, especificamente para assistentes e gestores de Sustentabilidade/RSC. As 14 empresas entrevistadas representam a variedade de atividades nas quais as empresas de energia elétrica operam no Brasil (geração, transmissão, distribuição, pesquisa e desenvolvimento). Comportamentos socialmente responsáveis por parte das empresas brasileiras de energia elétrica não se originam somente a partir de decisões internas baseadas na racionalidade econômica, mas também a partir de pressões institucionais coercivas, normativas e miméticas. As condições sob as quais as organizações se comportam de maneira socialmente responsável são diversas no caso de empresas brasileiras de energia elétrica – por exemplo, a aplicação de regulamentações estatais, a presença de regulamentações próprias da indústria, o monitoramento de seu comportamento corporativo e sua participação em associações que promovem a Responsabilidade Social Corporativa.

Palavras-chave: Responsabilidade Social Corporativa; Institucionalismo; Setor Brasileiro de Energia Elétrica.

ABREVIAÇÕES

ABCE	Associação Brasileira de Companhias de Energia Elétrica
ABRACE	Associação Brasileira de Grandes Consumidores Industriais de Energia e de Consumidores Livres
ABRADEE	Associação Brasileira de Distribuidores de Energia Elétrica
ABRAGE	Associação Brasileira das Empresas Geradoras de Energia Elétrica
ABRATE	Associação Brasileira das Grandes Empresas de Transmissão de Energia Elétrica
ANEEL	Agência Nacional de Energia Elétrica
BNDES	Banco Nacional do Desenvolvimento
CEBDS	Conselho Empresarial Brasileiro para o Desenvolvimento Sustentável
CONAMA	Conselho Nacional do Meio Ambiente
RSC	Responsabilidade Social Corporativa
EUSS	Suplemento do Setor de Energia Elétrica
FIA	Fundo da Infância e da Adolescência
GIFE	Grupo de Institutos, Fundações e Empresas
GRI	Global Reporting Initiative

IDIS	Instituto para Desenvolvimento do Investimento Social
IHA	Associação Internacional de Hidrelétricas
ISE	Índice de Sustentabilidade Empresarial
ISO	International Organization for Standardization
MAB	Movimento dos Atingidos por Barragens
MCSPEE	Manual de Contabilidade do Serviço Público de Energia Elétrica
MME	Ministério de Minas e Energia
OHSAS	Sistema de Gestão de Saúde e Segurança
ONG	Organização Não Governamental
ONU	Organização das Nações Unidas
OSCIP	Organização da Sociedade Civil de Interesse Público

SUMÁRIO

1 METODOLOGIA DA PESQUISA

O processo de coleta de dados é descrito em três etapas: (1) seleção do caso, (2) instrumentos de pesquisa, e (3) caracterização das empresas entrevistadas.

Seleção do caso

A motivação da pesquisadora em empreender o presente estudo se baseia na sua experiência como consultora de RSC no IN-PRÓ – Instituto Movimento Pró-Projetos. O IN-PRÓ tinha sido contratado pela Associação Brasileira de Companhias de Energia Elétrica (ABCE) por dois anos antes da época do estudo, conduzindo um diagnóstico das leis de incentivos fiscais brasileiras para projetos sociais e construção de um modelo de desenvolvimento local sustentável para o setor elétrico. Portanto, a autora se familiarizou com o contexto dentro do qual as empresas de energia elétrica operam, bem como com as questões de sustentabilidade e RSC.

Adicionalmente, para delimitar o projeto de pesquisa, uma análise inicial setorial e teórica foi realizada utilizando documentos, tais como: regulamentações do setor elétrico brasileiro; páginas na internet das empresas e associações; e artigos publicados relacionados com RSC e teoria institucional, que deram base para a formulação do projeto de pesquisa.

Instrumentos de pesquisa

O estudo empregou diferentes métodos para a coleta de dados utilizando um questionário de autopreenchimento e documentos externos.

Deve ser observado que o questionário de autopreenchimento foi escolhido como o instrumento principal de coleta dos dados ao invés da entrevista presencial, especialmente por causa da distância geográfica entre a pesquisadora e o campo de pesquisa[1]. Além disso, este método é mais conveniente para os entrevistados e permite que o pesquisador examine e explique os relacionamentos de causa e efeito.

Questionário de autopreenchimento

Primeiramente, a análise setorial e o quadro teórico deram base para o desenho do questionário[2]. Como um estágio final, o instrumento foi refinado durante uma reunião informal em 12 de julho de 2012 no escritório da ABCE em

---

[1] A pesquisadora estava baseada na Inglaterra e conduziu o estudo com entrevistados das empresas brasileiras de energia elétrica.
[2] Ver Apêndice A para o questionário.

São Paulo-SP, entre a pesquisadora e o Diretor Executivo da ABCE com o objetivo de assegurar que o questionário estivesse consistente e compreensível.

Como a pesquisa conta com o apoio institucional da Associação Brasileira de Companhias de Energia Elétrica (ABCE), o questionário foi distribuído em seu nome via e-mail[3] para as 39 empresas-membro[4], especificamente para gestores e assistentes de Sustentabilidade / RSC no período de 24 de julho a 17 de agosto de 2012. O questionário obteve respostas de 14 empresas, as quais são caracterizadas na tabela I.

Em geral, as respostas do questionário permitiram a coleta de dados a respeito das pressões externas sobre a empresa e seu envolvimento na adoção e desenvolvimento das atividades de RSC.

Dados secundários

No campo organizacional, foi necessária a análise dos regulamentos brasileiros do setor elétrico para entender as principais pressões coercivas sobre as empresas brasileiras de energia elétrica. Especificamente, a sanção da Resolução da ANEEL no. 444 introduziu alterações importantes no setor

---

[3] O questionário foi criado em uma ferramenta baseada na internet (Google Docs).
[4] Ver Apêndice B – Empresas-membro da ABCE.

e, por sua vez, teve repercussão sobre as práticas e estratégias organizacionais.

Além disso, um dos caminhos comuns utilizado pelas empresas para divulgar informações sobre suas atividades de RSC é o uso de suas páginas da internet. As páginas corporativas na internet podem ser consideradas uma fonte valiosa de informações porque (1) são canais comuns através dos quais as grandes empresas comunicam as perspectivas de RSC aos seus públlicos de interesse, (2) têm como alvo uma variedade de interessados, oferecendo, portanto uma perspectiva abrangente sobre o tópico, (3) seu teor não é imposto por regulamentos governamentais, como acontece com relatórios anuais e (4) fornecem uma variedade de documentos organizacionais tais como relatórios, notas de imprensa, políticas e estratégias corporativas que são fontes valiosas para demonstrar como as empresas abordam a RSC.

Desta forma, analisando as páginas corporativas na internet, bem como os relatórios anuais, relatórios financeiros, relatórios de sustentabilidade e de governança corporativa, notas de imprensa, materiais de relações públicas e documentos adicionais fornecidos pelas empresas através das páginas na internet, foi possível entender a perspectiva corporativa da questão, ou em outras palavras, entender quais são as várias pressões sobre as empresas de energia elétrica para agir de forma socialmente responsável.

Caracterização das empresas entrevistadas

As empresas que participaram neste estudo representam a variedade das atividades nas quais as empresas de energia elétrica operam no Brasil. No total, existem 2.674 empresas de geração de energia elétrica; 68 transmissoras; e 63 concessionárias de distribuição de energia elétrica[5].

Entre as 14 empresas entrevistadas que participaram neste estudo, 4 são controladoras; 3 geradoras; 1 transmissora; 1 atuando no campo de geração e transmissão; 3 distribuidoras; e 2 institutos de pesquisa e desenvolvimento.

Para manter a confidencialidade da pesquisa, as empresas entrevistadas estão classificadas abaixo de acordo com suas áreas de atividade, tipo de empresa e capacidade de serviços:

---

[5] MME, 2012

Tabela I – Características das empresas entrevistadas[6]

EMPRESA CONTROLADORA					
Empresa	Acionista controlador	Áreas de Operação	Capacidade instalada (MW)	Linhas de transmissão (Km)	Vendas potência elétrica (GWh)
A	Gov. Federal	Brasil	41.620	56.180	13.580
B	Gov. Estadual	1 Estado	82	255	20.000
C	Gov. Estadual	22 Estados	6.930	22.000	57.300
D	Privada	7 Estados	125	15.000	20.750
Total Brasil			115.000	100.000	435.000

GERAÇÃO		
Empresa	Acionista controlador	Capacidade instalada (MW)
E	Setor Privado	710
F	Setor Privado	880
G	Gov. Federal	14.000
Total Brasil		115.000

TRANSMISSÃO			
Empresa	Acionista controlador	Áreas de concessão	Linhas de transmissão (Km)
H	Setor privado	1 Estado	13.000
Total Brasil			100.000

GERAÇÃO E TRANSMISSÃO				
Empresa	Acionista controlador	Áreas de concessão	Capacidade instalada (MW)	Linhas de transmissão (Km)
I	Gov. Federal	9 Estados	9.180	10.110
Total Brasil			115.000	100.000

[6] Tabela elaborada pela autora. Os números são valores aproximados obtidos dos relatórios anuais das companhias, bem como dos documentos oficiais do governo federal (ANEEL e MME).

DISTRIBUIÇÃO			
Empresa	Acionista controlador	Áreas de concessão	Vendas – Potência elétrica (GWh)
J	Gov. Estadual	2 Estados	57.300
K	Gov. Municipal	1 Município	400
L	Gov. Federal	1 Estado	523
Total Brasil			**435.000**

PESQUISA E DESENVOLVIMENTO		
Empresa	Acionista controlador	Finalidade
M	Gov. Federal	Objetiva fornecer serviços de P&D para suportar o planejamento do setor energético, incluindo energia elétrica e eficiência energética.
N	Setor privado	Conduz estudos técnicos e científicos para o aperfeiçoamento da cadeia de fornecimento de energia elétrica.

Com relação à estrutura de RSC das empresas, 8 (57%) declararam ser 'Adotantes de responsabilidade social' com conhecimento extensivo do conceito de RSC; 4 (29%) classificaram-se como 'Líderes em responsabilidade social' reconhecidas pelos exemplos de boas práticas e definição de padrões; e 2 (14%) declararam-se como sendo 'Recém-chegadas à responsabilidade social', isto é, inexperientes no conceito da RSC com nenhum conhecimento ou somente conhecimento básico.

Além disso, quando os entrevistados foram questionados sobre como a responsabilidade social está posicionada na estrutura organizacional, 7 (50%)

responderam que a empresa tem uma abordagem multifuncional/colaborativa em relação à RSC; 6 (43%) empresas possuem seu próprio departamento de RSC; e somente 1 (7%) declarou que a empresa não tem estrutura de RSC organizacional.

A difusão dos departamentos de responsabilidade social dentro das empresas é considerada como um processo de institucionalização da RSC. Em geral, as empresas que participaram no estudo têm a RSC integrada às operações comerciais através de estruturas organizacionais multifuncionais e separadas em departamentos.

Análise dos dados

A estratégia para a análise dos dados apoia-se nas proposições teóricas de Campbell (2006; 2007) que levaram a este estudo de caso. Como previamente mencionado, os objetivos originais e o desenho do estudo de caso foram baseados em tais proposições, as quais, por sua vez, refletiram um conjunto de questões de pesquisa e análises da literatura que moldaram o plano de coleta de dados e, portanto, moldaram as estratégias analíticas relevantes.

A construção da explanação é uma técnica analítica especialmente relevante para estudos de caso explanatórios, onde a explanação eventual é provavelmente o resultado de uma série de iterações:

- Fazer uma proposição teórica inicial sobre o comportamento social;
- Comparar as descobertas contra tal proposição;
- Revisar a proposição;
- Comparar outros detalhes do caso.

Neste modo iterativo, a evidência do estudo de caso é examinada, as proposições teóricas são revisadas, e a evidência é examinada uma vez mais a partir de uma nova perspectiva. A tabela II define os elementos operacionais da explanação sobre as pressões institucionais que determinam os comportamentos corporativos socialmente responsáveis das empresas brasileiras de energia elétrica.

Tabela II – Elementos do estudo de caso[7]

Pressões isomórficas		Proposições	Dados empíricos
Coercivas	P1	Sanção por meio de regulamentos do Estado.	Regulamento na divulgação das atividades de responsabilidade social; programas de desenvolvimento social nacional; regulamentos ambientais; leis de incentivos fiscais.
	P2	Presença de autorregulação industrial.	Programas de associações industriais; redes de múltiplos públicos de interesse.
	P3	Existência de organizações independentes que monitoram o comportamento das empresas.	Divulgação dos relatórios de sustentabilidade seguindo as diretrizes GRI; presença de organizações não governamentais; movimentos sociais; investidores institucionais.
Normativas	P4	Incidência de chamadas normativas institucionalizadas para comportamento socialmente responsável.	Publicações, cursos de treinamento em RSC; conferência anual; padrões e índices de RSC.

[7] Tabela elaborada pela autora.

		Afiliação à associações industriais que promovem o comportamento socialmente responsável.	Grupos de trabalho relacionados à RSC dentro de associações profissionais e da indústria.
	P5		
	P6	Envolvimento no diálogo institucionalizado com os públicos de interesse.	Canais de diálogo com governos locais, ONGs, membros de comunidade, acionistas e investidores.
Miméticas	P7	Presença de organizações similares percebidas como sendo mais legítimas.	"Boas práticas" em RSC reconhecidas através de redes interpessoais e extraorganizacionais.

Acima de tudo, esta tática analítica é uma maneira de abordar a validade de um estudo de caso, isto é, definindo o domínio para o qual uma descoberta do estudo pode ser generalizada. Assim, usando a construção da explanação, como a técnica analítica neste estudo de caso, a pesquisadora está se esforçando para generalizar um determinado conjunto de resultados para a nova teoria do institucionalismo a respeito das condições sob as quais as empresas brasileiras de energia elétrica agem de maneira socialmente responsável.

2 RESPONSABILIDADE SOCIAL CORPORATIVA DO SETOR ELÉTRICO BRASILEIRO

A Responsabilidade Social Corporativa recentemente tem crescido em importância entre as corporações em todo mundo, especialmente nos países da América Latina[8]. O Brasil teve uma experiência considerável com programas de responsabilidade social, como resultado da sua longa e duradoura tradição filantrópica[9]. Isto está refletido, por exemplo, em um censo realizado em 2005 pelo Grupo de Institutos, Fundações e Empresas (GIFE). O grupo reportou que as 101 empresas participantes investiram por volta de US$ 555 milhões em iniciativas filantrópicas, respondendo por aproximadamente 25% de todo o dinheiro privado alocado para fundações e programas sem fins lucrativos no Brasil[10].

A cultura corporativa no Brasil tem sido tradicionalmente patriarcal por natureza. Em parte, isto acontece devido ao corporativismo estatal do começo do século XX, que minimizou os sindicatos de trabalhadores a meros apêndices do poder governamental e impediu que o diálogo social se instalasse dentro das empresas. Como o Brasil tem uma grande quantidade de emprego informal, e um

---

[8] Visser, 2008
[9] Young, 2004; Griesse, 2007; Scharf, 2009
[10] Scharf, 2009

nível extremamente alto de desigualdade social, o papel das empresas é visto principalmente em termos de fornecer aos trabalhadores uma receita aceitável e um emprego regular e seguro[11]. Todos esses fatores contribuíram para a abordagem tradicionalmente filantrópica empreendida por muitas empresas brasileiras.

Nas últimas duas décadas, as ações filantrópicas individuais no Brasil têm sido gradualmente substituídas por quadros de RSC mais formalizados, cujo centro de atenção é implementar programas com objetivos transformadores que vão além das ações caridosas de curto prazo[12]. Como resultado, algumas organizações foram estabelecidas objetivando contribuir para o desenvolvimento sustentável no Brasil, fornecendo suporte político e institucional às estratégias de responsabilidade social das empresas. Como exemplo, em 1998, o Instituto Ethos foi criado para mediar sobre as questões de RSC e sustentabilidade corporativa, e em 1999, o Instituto para o Desenvolvimento do Investimento Social (IDIS) foi estabelecido com a finalidade de tornar o investimento social privado mais estratégico e relevante para a sociedade brasileira.

---

[11] Young, 2004; Duarte, 2010
[12] Young, 2004

Adicionalmente, os consumidores brasileiros estão bastante acostumados com o termo RSC. Uma pesquisa feita pelo Instituto Ethos sobre as percepções do consumidor brasileiro, indicou que os motivos mais frequentes que os consumidores decidem não comprar um determinado produto são: propaganda enganosa; consequências prejudiciais de sua produção sobre trabalhadores e consumidores; poluição; uso do trabalho infantil pela empresa; e a sua associação com políticos corruptos. Por outro lado, os fatores positivos que fazem com que os consumidores comprem produtos ou serviços de uma empresa incluem: colaboração da empresa com a comunidade; contratação de pessoas portadoras de deficiência fisica; adoção de medidas para proteger o meio ambiente; e preocupação em campanhas de publicidade[13].

Com relação ao investimento social, as leis brasileiras de incentivos fiscais tem um papel importante para estimular as corporações a patrocinar projetos sociais com foco em artes e cultura; crianças e adolescentes; idosos; e esportes. Através deste mecanismo, um total de US$ 234 milhões foi distribuído por 1.100 empresas para uma variedade de projetos esportivos durante o período 2007-2010[14].

---

[13] Instituto Ethos, 2002
[14] Ministério dos Esportes, 2012

Por outro ângulo, o Brasil se tornou líder em RSC com mais da metade da certificação ISO 14001 (ambiental) sendo credenciada para a América Latina, e certificações de padrão de responsabilidade global (ex. SA8000 para responsabilidade social no local de trabalho) do que qualquer outro país nas Américas[15]. As empresas brasileiras também dão o exemplo na América Latina com a publicação de relatórios alinhados com os padrões da Global Reporting Initiative (GRI). Em um estudo que examina o sistema existente da promoção e defesa da RSC na América Latina[16], foi observado que as empresas brasileiras eram "um caso à parte e refletiam um comprometimento com a promoção e relatórios de responsabilidade social que chegavam perto – na verdade eram equivalentes – das normas canadenses ao invés daquelas da América Latina".

O setor elétrico brasileiro, particularmente, é um dos principais setores da indústria onde a RSC é mais difundida. Algumas empresas de energia estão alinhando as suas políticas de RSC com os padrões normativos internacionais, tais como o Pacto Global das Nações Unidas e a Global Reporting Initiative (GRI). Atualmente, 473 empresas

---

[15] Haslam, 2004; Scharf, 2009
[16] Haslam (2004: 10)

brasileiras são membros do Pacto Global das Nações Unidas; deste grupo, 40 são empresas de energia elétrica[17].

Com relação à GRI, uma estimativa de 150 empresas brasileiras estão reportando a sua performance de sustentabilidade utilizando as diretivas e mais de 30% pertencem ao setor elétrico[18]. A GRI lançou em 2007, um suplemento setorial específico que está voltado para organizações envolvidas no processo de geração, transporte, distribuição e venda de energia elétrica. O Suplemento do Setor de Energia Elétrica (EUSS) fornece orientação para relatóriosde sustentabilidade, incluindo os aspectos mais significativos para esta indústria:

- Gerenciamento da disponibilidade e confiabilidade da energia elétrica;
- Pesquisa e desenvolvimento direcionados à promoção do desenvolvimento sustentável;
- Estratégias de redução do uso da energia;
- Métodos de geração de energia baseados na energia renovável;
- Programas para avaliar e gerenciar os impactos sobre as comunidades;

---

[17] Pacto Global das Nações Unidas , 2012
[18] GRI, 2012

- Restabelecimento de comunidades locais[19].

No Brasil, não há legislação específica estabelecendo a obrigação das empresas em divulgar a sua performance social e ambiental. No entanto, com relação às empresas de energia elétrica, a divulgação na RSC está associada ao alinhamento das práticas recomendadas e impostas pela Agência Nacional de Energia Elétrica - ANEEL.

O artigo seis da Lei 8.987/95 aplicou o conceito da responsabilidade social no serviço público, definindo que a provisão adequada dos serviços deve satisfazer as condições de regularidade, continuidade, eficiência, segurança, conveniência, generalidade, cortesia e custo razoável. Posteriormente, considerando a evolução de questões relevantes para o setor (ex. serviço de energia elétrica universal, eficiência energética, pesquisa e desenvolvimento, e fontes alternativas de energia), a ANEEL estabeleceu em 2001 a Resolução no. 444. Esta decisão tornou compulsória para todas as concessionárias e licenciadas do serviço público de energia elétrica, a publicação do Relatório Anual sobre a Responsabilidade Corporativa, de acordo com o Manual de Contabilidade do Serviço Público de Energia Elétrica – MCSPEE.

---

[19] GRI, 2012

A concepção da responsabilidade social como prática estabelecida no setor elétrico brasileiro está fortemente ligada a políticas governamentais. Como exemplo, o programa nacional "Luz para Todos" foi lançado em 2003 com o objetivo ambicioso de fornecer acesso universal à energia elétrica em 2014 para 12 milhões de pessoas da população rural que ainda não têm acesso a este serviço público. O programa é coordenado pelo Ministério de Minas e Energia (MME), operado pela principal estatal de energia elétrica (Eletrobrás) e implementado pelas concessionárias de serviços de energia elétrica em parceria com os governos estaduais. Os recursos financeiros são derivados parcialmente dos fundos do setor de energia do governo federal e o restante do investimento é compartilhado entre os governos estaduais e as empresas distribuidoras de energia elétrica.

O setor elétrico é dominado por grandes empresas de economia mista controladas pelo estado. A controladora federal, Eletrobrás, mantém aproximadamente 40% da capacidade de geração, com as empresas estatais Cesp, Cemig e Copel controlando 8%, 7% e 5% respectivamente. O sistema de transmissão tem permanecido quase que exclusivamente sob o controle do governo através da empresa federal (Eletrobrás) e das empresas estaduais – predominantemente Cteep (Estado de São Paulo), Cemig (Estado de Minas Gerais) e Copel (Estado do Paraná).

No entanto, sob o novo modelo regulador do setor, existem 49 instalações com concessões de distribuição e aproximadamente 64% dos ativos de distribuição são controlados por empresas do setor privado. Seguindo esta estrutura, existe um cenário de suprimento competitivo somente para grandes usuários industriais[20].

Tabela III – Sumário da participação privada no setor elétrico[21]

Atividade	Participação privada
Geração	10%
Transmissão	predominantemente pública
Distribuição	64%

A noção de responsabilidade social pelas corporações permanece contextualizada por estruturas institucionais nacionais. Portanto, a RSC faz parte do debate sobre a convergência e a divergência das práticas gerenciais[22].

O caminho que precede as práticas de RSC das empresas brasileiras de energia elétrica envolve a adoção da responsabilidade ambiental dentro do setor. Aproximadamente 88% da geração de energia no Brasil vêm

---

[20] MME, 2012
[21] MME, 2012.
[22] Matten e Moon, 2008

de fontes renováveis. A maior fatia é derivada de hidrelétricas, que representam 81.7% da geração total de energia, seguida pela biomassa (6.5%) e o vento (0.5%) - ver Figura I.

Figura I – Matriz brasileira da geração de energia elétrica[23]

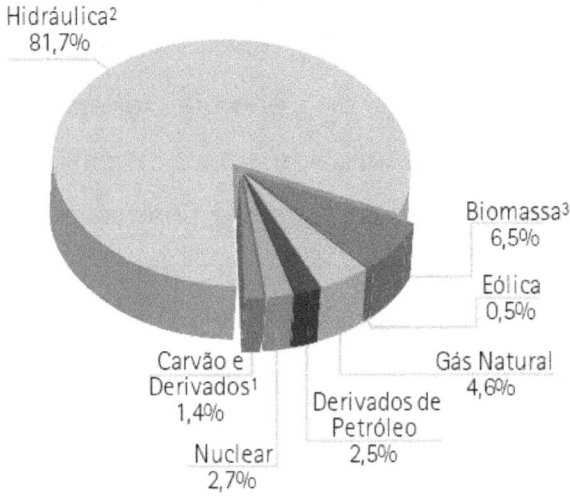

Não obstante, a matriz energética brasileira é uma referência mundial para vias de desenvolvimento de baixo carbono, esta estrutura não está livre de riscos e impactos socioambientais como consequência da geração, transmissão e distribuição da energia elétrica (ex. impacto sobre o bem-estar social da comunidade; esgotamento da biodiversidade e dos recursos naturais).

---

[23] EPE, 2012.

Se a adoção da RSC pode levar a restrições sobre a atividade das empresas de energia elétrica devido aos seus impactos potenciais no contexto em que operam, porque as empresas brasileiras de energia elétrica adotaram comportamentos corporativos socialmente responsáveis[24]? Da mesma forma, fornecidos os incentivos para maximizar o lucro e o valor do acionista para as empresas, porque as empresas brasileiras de energia elétrica adotaram e difundiram a responsabilidade social se essa prática exige a aplicação de recursos humanos e financeiros e a correlação entre RSC e a performance financeira corporativa não é evidente[25]? A consideração do contexto social das organizações é necessária para poder responder às questões anteriores.

---

[24] De acordo com Campbell (2006: 925), presume-se nesta pesquisa que uma organização adotou a RSC se ela "atua de maneira socialmente responsável, como definido por um padrão de comportamento corporativo minimamente aceitável".
[25] Lee, 2008; Conceição et al., 2011; Holanda et al., 2011

2.1 ESTRATÉGIA DE RESPONSABILIDADE SOCIAL CORPORATIVA

A regulamentação é uma das fontes mais importantes da pressão coerciva sobre as corporações porque estas são obrigadas a agir em conformidade com as normas para obter recursos e legitimidade em seu meio ambiente e para evitar sanções impostas pelo governo.

Em relação à questão "Porque a sua empresa está interessada em aplicar estratégia de RSC?", um total de 13 entrevistados selecionou preocupações ambientais e sociais relativas a produtos/serviços, seguido por 12 que selecionaram obrigações legais ou reguladoras. Conforme comentário de um gestor de RSC, "a tendência de requerer que as corporações adotem comportamentos socialmente responsáveis aumentou desde os anos 1990. Nos dias de hoje, a regulamentação do setor elétrico brasileiro aplica sanções contra as empresas de energia elétrica em relação aos impactos sociais e ambientais" (Empresa "I").

Os primeiros documentos gerais do planejamento setorial sobre problemas ambientais são contemporâneos a resolução CONAMA 001/1986 e 006/1997 que estabeleceu a obrigação de licenciamento ambiental e Avaliações do Impacto Ambiental (AIE) para novos projetos ou expansões das instalações de transmissão e geração de energia elétrica. Uma resposta das empresas de energia elétrica, especialmente para regulamentos ambientais, tem sido a implementação dos seus próprios sistemas de gerenciamento ambiental. Por conseguinte, esses sistemas contribuem para o comportamento responsável das corporações por meio da identificação dos comportamentos que são considerados pelos reguladores como irresponsáveis e, portanto, podendo levar a sanções.

No Brasil, a única legislação específica estabelecendo a obrigação da divulgação sobre práticas de responsabilidade social é acatada pelo setor elétrico. A Resolução da ANEEL no. 444 aprovada em 2001 definiu as regras para a publicação do Relatório Anual sobre a Responsabilidade Corporativa, de acordo com o Manual de Contabilidade do Serviço Público de Energia Elétrica – MCSPEE. Com exceção das duas empresas operando no campo da Pesquisa e Desenvolvimento, todas as entrevistadas afirmaram a sua fidelidade à norma da ANEEL sobre o relatório de responsabilidade social corporativa, demonstrando que as empresas brasileiras de energia elétrica devem se comportar de maneira socialmente responsável para manter a sua legitimidade e para evitar a imposição das sanções pelos reguladores.

Sendo caracterizada como uma indústria de infraestrutura, o setor elétrico brasileiro é envolvido historicamente em políticas públicas tais como programas governamentais de desenvolvimento social. Atualmente, o mais relevante é o programa nacional para acesso universal e uso da energia elétrica – "Luz para Todos" – que é coordenado pelo Ministério de Minas e Energia (MME), operado pela principal empresa estatal de energia elétrica (Eletrobrás) e suas subsidiárias, e executado em parceria com os governos estaduais e as empresas distribuidoras de energia elétrica. Os investimentos são compartilhados pelos governos federal e estadual, e pelos distribuidores de energia elétrica. A Tabela IV mostra a quantia investida no programa em 2011 por algumas empresas distribuidoras que participaram do estudo, as quais revelam esta informação em seu Relatório Anual.

Tabela IV – Investimento das empresas distribuidoras no
programa
"Luz para Todos" (2011)[26]

Empresas distribuidoras	Montante do investimento (R$)	Número de beneficiários
B	3.720.000	6000
C	302.610.000	45.25
D	701.300.000	2.600.000
TOTAL	1.007.630.000	2.651.125

As empresas integram a implementação deste
programa em suas estratégias de RSC e divulgam os
resultados como uma dimensão social em seus relatórios.
Neste sentido, as firmas se comportam de maneira
socialmente responsável, seguindo os padrões de
performance nos processos da lei e da ordem pública[27].

As leis de incentivos fiscais também são uma forma de
regulação do Estado que pode afetar o grau para o qual as
corporações se comportam de maneira socialmente
responsável . No Brasil, as contribuições corporativas às
Organizações de Sociedade Civil de Interesse Público
(OSCIPs) possibilitou a dedução em até 2% do lucro de
operação da taxa base de cálculo da corporação antes do
cálculo do seu imposto de renda devido. Além disso, as

---

[26] Dados foram obtidos dos Relatórios Anuais das empresas - 2011.
[27] Blindheim, 2010

empresas têm um limite de dedução total de até 6% do imposto devido total como patrocinador cultural e projetos esportivos, bem como com as iniciativas do Fundo da Infância e da Adolescência (FIA) e o Fundo Nacional do Idoso[28]. A Tabela V ilustra a quantia do investimento social utilizando leis de incentivos fiscais para projetos culturais e esportivos feito por algumas empresas de energia elétrica que participam no estudo.

Tabela V – Investimento social utilizando leis de incentivo fiscal (2011)[29]

Empresas de energia elétrica	Total de investimentos em projetos culturais (R$)	Total de investimentos em projetos esportivos (R$)
A	12.890.000	1.791.000
B	1.881.600	470.400
C	15.540.000	3.330.000
D	1.512.000	512.000
E	546.000	136.000
G	3.222.010	n/a
H	2.200.000	n/a
TOTAL	37.791.610	6,239.400

[28] A composição das deduções de impostos é: limite de 4% do total do imposto de renda devido para projetos culturais; 1% para projetos esportivos e a soma das deduções derivadas de doações feitas ao Fundo dos Direitos das Criança e do Adolescente e ao Fundo Nacional do Idoso, não pode exceder a 1% do imposto de renda devido. Ver Apêndice C – Leis de Incentivos Fiscais para doações e investimentos sociais .
[29] Dados obtidos nos Relatórios Anuais das empresas - 2011.

É importante realçar que as empresas de energia elétrica mantêm um diálogo social com os reguladores e outros interessados (ex. associações da indústria; outras empresas do setor elétrico; organizações não governamentais) para construir um consenso no desenvolvimento regulatório social e ambiental tanto no âmbito federal quanto estadual e municipal. Sendo assim, a maioria das empresas brasileiras de energia elétrica indica seu próprio porta-voz organizacional para negociar com os reguladores e outros públicos de interesse (ver Tabela VI). Com relação a este aspecto, uma entrevistada comentou que "se você participa com outros agentes no desenvolvimento regulatório do setor, o seu comprometimento com o regulamento e com os outros agentes será mais forte no futuro" (Gestor de RSC – Empresa "D"). A busca pelo consenso com reguladores e outros públicos de interesse contribui para a adoção e difusão de comportamentos socialmente responsáveis[30].

---

[30] Campbell, 2007

Tabela VI – Referências em pressões coercivas

Ação	Frequência[31]
Publicação do relatório de Responsabilidade Social Corporativa da ANEEL	12
Existência de sistemas de gestão para checar regulamentação ambiental	10
Presença de porta-voz organizacional com reguladores (ex. comitê)	9
Participação em programas das associações da indústria (ex. ABRADEE)	7
Utilização das diretrizes GRI - Suplemento do Setor de Energia Elétrica	7
Envolvimento no programa governamental "Luz para Todos"	6

Os comportamentos corporativos socialmente responsáveis das empresas distribuidoras de energia elétrica, também foram promovidos pela autorregulação industrial. A ABRADEE, que é a associação brasileira das empresas distribuidoras de energia elétrica, consiste em mais de 40 concessionárias privadas e públicas. Em 2000, a ABRADEE desenvolveu um programa que estabelece normas para conceder o comprometimento das empresas de energia elétrica com o meio ambiente, bem como promover o comportamento socialmente responsável das empresas de energia elétrica. Sete entrevistados declararam sua adesão a

---

[31] Entrevistados tiveram a opção de selecionar mais de um item, sendo assim, a frequência pode somar mais de 14 (100%) respostas.

este programa (ver Tabela VI), que tem o suporte da ANEEL (Agência Nacional de Energia Elétrica). Como foi comentado por um analista de RSC, "se você deseja ser um líder em seu setor, você tem que participar neste tipo de projeto. Quando você participa, você assume um compromisso, neste caso, com a responsabilidade social corporativa" (Empresa "J").

Da mesma forma, 12 empresas brasileiras de energia elétrica participam frequentemente das iniciativas empreendidas pela Associação Internacional de Hidrelétricas (IHA), uma organização internacional sem fins lucrativos, representando o setor hidrelétrico focado na geração de energia elétrica, gerenciamento da água e indústrias relacionadas. A última iniciativa foi o Protocolo de Sustentabilidade da Energia Hidrelétrica, produto de um processo rigoroso de desenvolvimento de vários interessados entre 2008 e 2010, envolvendo representantes de ONGs sociais e ambientais (ex. 'Oxfam', 'Nature Conservancy', 'Transparency International', 'WWF'); governos (ex. Brasil, China, Alemanha, Islândia, Noruega, Zâmbia); bancos comerciais e de desenvolvimento (incluindo bancos que são signatários dos Princípios do Equador, e o Banco Mundial); e o setor hidrelétrico. O Protocolo fornece uma avaliação baseada em evidências entre 19 e 23 tópicos relevantes de sustentabilidade, dependendo do estágio de desenvolvimento do projeto. Esses tópicos incluem questões tais como povos indígenas, biodiversidade, segurança da infraestrutura, reassentamento, qualidade da água, e erosão e sedimentação[32].

Como explicado na página da internet da empresa "G", as ferramentas de avaliação são utilizadas como uma estrutura para produzir um perfil de sustentabilidade para projetos de energia hidrelétrica. Agindo assim, os diversos interessados ficam informados sobre o perfil de sustentabilidade do projeto e desenvolvem estratégias para enfrentar qualquer deficiência. O protocolo pode ser usado durante todos os estágios do desenvolvimento do projeto hidrelétrico; estágio inicial, preparação, implementação e operação. Esta abordagem promove o aperfeiçoamento contínuo e a sustentabilidade de projetos hidrelétricos e pode ser avaliada mundialmente, cobrindo uma vasta faixa de cenários do caso. De acordo com o diretor técnico executivo da empresa "G", "o objetivo principal da nossa empresa como Parceira de Sustentabilidade da IHA, é estudar o uso do protocolo como parte do nosso sistema de gerenciamento de sustentabilidade corporativa"[33].

Além da regulação do estado e da autorregulação industrial, a divulgação dos relatórios de sustentabilidade

---

[32] Associação Internacional de Hidrelétricas, 2012
[33] Dados obtidos do Relatório Anual da empresa "G" (2011).

seguindo as diretrizes do GRI (i.e. Suplemento do Setor de Energia Elétrica - EUSS) contribuem para o estabelecimento dos compromissos gerais das organizações para com os vários públicos de interesse (clientes, acionistas, funcionários, governo, sociedade, etc.) e para a formalização e desenvolvimento da RSC no setor elétrico brasileiro.

Em relação aos relatórios de RSC/sustentabilidade, um entrevistado escreveu: "Do ponto de vista interno, as diretrizes contribuem com a incorporação das normas e valores de RSC pelos funcionários. Do ponto de vista externo, os diversos públicos de interesse podem observar que a sua RSC não é só publicidade, mas você tem um comprometimento real com ela" (Analista de RSC – Empresa "H").

Pressões coercivas podem surgir também de agentes sociais em seu meio ambiente. Agentes sociais como organizações não governamentais, organizações de movimento social e investidores institucionais podem monitorar o comportamento das organizações e assegurar o seu comportamento socialmente responsável por meio do fornecimento do necessário contrapeso para o poder corporativo.

Com relação à questão "Quais os principais públicos de interesse a sua empresa objetiva envolver através de iniciativas de responsabilidade social?" os *stakeholders* mais selecionados foram comunidades locais, governo, acionistas, funcionários, órgãos reguladores, organizações não governamentais, e organizações de movimento social (ver Tabela VII). Pode-se deduzir que a direção dada para práticas de RSC pelas empresas brasileiras de energia elétrica, prioriza o compromisso com as atividades das comunidades locais; políticas e programas desenvolvidos pelo governo; atividades em parceria com acionistas; desenvolvimento do funcionário; e projetos realizados por ONGs e organizações de movimento social.

Tabela VII – Públicos de interesse abordados através de iniciativas de RSC

Acionistas	Frequência[34]
Comunidades locais	13
Governo	12
Acionistas	11
Funcionários	10
Agentes reguladores	9
Organizações não governamentais (ONGs)	9
Organizações de movimento social	8
Clientes	8
Fornecedores	7
Outras empresas do setor elétrico	7
Associações da indústria	3

[34] Entrevistados tiveram a opção de selecionar mais de um item, portanto, a frequência pode somar mais do que 14 (100%) respostas.

A questão subsequente foi sobre os objetivos das atividades de RSC em relação aos públicos de interesse abordados. Os critérios principais selecionados foram a avaliação do impacto ambiental e social, *benchmarking*, e o melhoramento do desempenho organizacional interno. Como consequência das diversas preocupações socioambientais, bem como a regulamentação das autoridades locais e nacionais com relação às operações das empresas brasileiras de energia elétrica, a maioria dessas corporações desenvolveu programas de desenvolvimento local sustentável para mitigar o seu impacto e se envolver com os diferentes atores da sociedade civil.

O conceito do desenvolvimento local sustentável recai na promoção do melhoramento na qualidade de vida da população, baseado em sua capacidade de gerenciar os recursos disponíveis em um determinado território. Enquanto o governo local é considerado como peça-chave para isto, a importância de engajar a sociedade civil e o setor privado no processo tem crescido ao longo do tempo, não somente na proposição de alternativas, mas também no processo de tomada da decisão e de arrecadação de fundos para financiar tal agenda de desenvolvimento. Com referência ao território, o desenvolvimento local focaliza principalmente o município, embora sem estar estritamente limitado às suas fronteiras, uma vez que ele inevitavelmente transbordará para o contexto regional e desenvolverá uma sinergia com a área circundante[35].

A partir da análise dos Relatórios de Sustentabilidade e políticas de RSC das empresas brasileiras de energia elétrica, em geral, elas buscam incorporar três dimensões no processo de construção da agenda de desenvolvimento local sustentável:

- A agenda global para sustentabilidade focada nas discussões sobre o desenvolvimento sustentável e sua incorporação nas práticas comerciais, por exemplo, as iniciativas da rede regional brasileira do Conselho Empresarial Brasileiro para o Desenvolvimento Sustentável (CEBDS);
- Políticas regionais e iniciativas sobre conservação ambiental e desenvolvimento social que se aplicam ao planejamento e gerenciamento dos territórios onde operam;
- Políticas municipais ajustadas para o planejamento territorial e desenvolvimento local sustentável;
- Agenda das ONGs envolvidas com problemas de biodiversidade; mudança de clima; povos indígenas; direitos humanos, etc., e organizações de movimento social (ex. Movimento dos Atingidos por Barragens - MAB);
- As políticas socioambientais específicas e os requisitos dos investidores institucionais (ex. Banco Nacional

---

[35] Monzoni et al., 2008

do Desenvolvimento - BNDES) e acionistas (ex. grandes consumidores industriais de energia e empresas de construção) para investir em projetos do setor de energia elétrica.

Resumo do Capítulo

Esta seção considera que a explanação institucional mais óbvia do comportamento corporativo socialmente responsável é o foco nas sanções reguladoras do estado. Primeiramente, a importância das regulamentações é clara neste estudo, especialmente porque investiga uma indústria com características específicas: (1) as empresas brasileiras de energia elétrica são controladas por autoridades locais e nacionais com predominância das empresas controladas pelo Estado; (2) como indústria de infraestrutura, o setor elétrico é historicamente envolvido nos programas de desenvolvimento social do governo brasileiro; e (3) o setor elétrico é a única indústria no Brasil com um regulamento específico sobre a divulgação de práticas de responsabilidade social.

No nível nacional, como foi descrito na seção anterior, as leis brasileiras de incentivos fiscais para projetos culturais, esportivos e sociais são um mecanismo predominante utilizado não apenas no setor elétrico, mas também pelas maiores empresas do país. As lei de incentivo fiscal é uma instituição importante que pode afetar o comportamento corporativo; por conseguinte, esta disponibilidade dos benefícios fiscais para investimentos sociais afeta o grau para o qual as empresas brasileiras de energia elétrica se comportam de forma socialmente responsável.

Não é somente a presença de leis e regulamentos por si só que importa, mas também a capacidade do Estado de monitorar o comportamento corporativo e reforçar esses regulamentos quando necessário, bem como a capacidade de agentes externos, tais como ONGs, associações comerciais e profissionais, consumidores, e outros *stakeholders*, de participar do monitoramento do processo regulatório. De fato, as leis governamentais brasileiras (ex. Resolução ANEEL no. 444/2001; e Resolução CONAMA no. 006/1997) são mais efetivas em facilitar o comportamento corporativo socialmente responsável se permitirem aos cidadãos o acesso à informações consolidadas sobre questões sociais e ambientais. Além disso, de acordo com a experiência relatada por um entrevistado, quando a corporação participa com outros agentes no desenvolvimento regulatório, o seu comprometimento é reforçado.

No entanto, o regulamento nem sempre é responsabilidade do Estado. Frequentemente, as indústrias estabelecem seus próprios mecanismos regulatórios para assegurar práticas justas, qualidade do produto, segurança no local de trabalho, e outros, definindo padrões para os quais se espera que seus membros aceitem a adesão[36]. Muitas vezes o meio mais eficaz de facilitar a expansão da RSC é através da pressão do grupo corporativo. No setor elétrico brasileiro, este movimento é realizado por associações industriais cujo papel, em parte, é assegurar que seus membros atuem de forma socialmente responsável. Por exemplo, o programa da ABRADEE estabeleceu normas reforçando o compromisso das empresas de energia elétrica com suas responsabilidades socioambientais e obteve suporte da Agência Nacional de Energia Elétrica (ANEEL). De acordo com os economistas políticos, a relação entre a autorregulação industrial e o Estado é importante. Sem auxílio suficiente do Estado, a autorregulação frequentemente falha[37].

De forma semelhante, as redes dos diversos públicos de interesse (multi-*stakeholders*) são voluntárias, não legislativas e frequentemente voltadas para implementação, resolução de problemas em conjunto e autorregulação[38]. Neste sentido, o recém-lançado Protocolo de Avaliação da Sustentabilidadeda Energia Hidrelétrica – produto de um processo rigoroso de desenvolvimento dos diversos públicos de interesse entre 2008 e 2010, envolvendo representantes

---

[36] Gupta e Lad, 1983
[37] Karkkainen et al., 2000
[38] Detomasi, 2007

de ONGs ambientais e sociais, governos, bancos comerciais e de desenvolvimento, e o setor hidrelétrico, representado pela Associação Internacional de Hidrelétricas (IHA) – representa uma direção não hierárquica e flexível e, dessa forma, ajuda a determinar comportamentos corporativos socialmente responsáveis.

As primeiras duas proposições de Campbell (2006; 2007) sobre pressões isomórficas coercivas do comportamento corporativo socialmente responsável implicam que a eficácia da regulação do Estado e a autorregulação industrial possa ser afetada pelo monitoramento dos públicos de interesse (*stakeholders*). De fato, estudiosos da teoria dos *stakeholders*, da governança corporativa, e da responsabilidade social corporativa, sugerem que o monitoramento da performance corporativa pelos públicos de interesse, é um fator importante que aumenta a chance das corporações se comportarem de forma socialmente responsável.

A maioria dos entrevistados salientou que a divulgação de relatórios de sustentabilidade seguindo as diretrizes da GRI (ex. Suplemento do Setor de Energia Elétrica - EUSS) contribuem para o estabelecimento dos compromissos gerais das empresas com os vários públicos de interesse (clientes, acionistas, funcionários, governo, sociedade) e, consequentemente, para a formalização e desenvolvimento da RSC no setor elétrico brasileiro

As pressões isomórficas coercivas também são derivadas de agentes sociais tais como organizações governamentais, movimento social, investidores que monitoram seu comportamento socialmente responsável. As táticas das ONGs variam, desde a apelação direta às próprias corporações, organizando demonstrações contra elas, pressionando governos locais a forçar as corporações a melhorar o seu comportamento, e mobilizando campanhas na mídia para trazer a atenção do público para determinadas práticas corporativas alarmantes.

Em geral, as empresas de energia elétrica ao redor do mundo sofrem mais pressão de organizações ambientalistas sobre as emissões de gases do efeito estufa e mudanças climáticas enquanto que no Brasil, as questões ambientais e sociais estão intimamente interligadas em relação à geração de energia hidrelétrica. Recentemente, a polêmica planta hidrelétrica de Belo Monte na floresta Amazônica atraiu uma vasta crítica da comunidade internacional sobre biodiversidade, erosão e sedimentação, povos indígenas, e reassentamento; forçando o governo e as empresas de energia elétrica participantes do consórcio, a tomar medidas para minimizar os impactos socioambientais.

Da mesma forma, as organizações de movimento social têm emergido ao redor de problemas de RSC e têm usado táticas semelhantes àquelas das ONGs. As campanhas de movimento social geralmente têm como alvo empresas específicas a fim de pressioná-las a atuar de forma socialmente mais responsável, como é o caso, por exemplo, quando ativistas do Movimento dos Atingidos por Barragens (MAB) se mobilizam tanto contra membros-chave do setor de construção por práticas injustas de trabalho, quanto contra a indústria de energia elétrica devido ao desmatamento.

Os investidores institucionais desempenham um papel cada vez mais importante no monitoramento do comportamento corporativo e, em alguns casos, pressionando as corporações a atuarem de forma ambientalmente e socialmente responsável[39]. O Banco Nacional do Desenvolvimento (BNDES) tem políticas específicas de investimento na indústria de energia elétrica, incluindo diretrizes internas socioambientais para monitorar e avaliar o impacto dos projetos financiados. Esse ativismo do acionista tem sido descrito como uma "nova espécie de movimento social" que pode afetar o grau de como as corporações atuam em formas socialmente responsáveis[40].

---

[39] Campbell, 2007
[40] Maignan e Ralston, 2002: 498

Até agora, o argumento tem sido de que as instituições e organizações influenciam as corporações, desencorajando-as através de regras e sanções negativas ou punições por atuar de forma socialmente irresponsável. No entanto, as instituições podem permitir ou compelir a ação. Segundo as proposições de Campbell (2006; 2007), as instituições podem instigar as corporações a se comportarem de forma socialmente responsável através do uso de incentivos mais positivos, prêmios e outros mecanismos.

2.2 FATORES EXTERNOS

Publicações corporativas, currículos de escolas de negócios e outras instituições educacionais também contribuem para institucionalizar comportamentos socialmente responsáveis em um campo organizacional, uma vez que aumentam o suporte cultural para as normas e valores da RSC. A próxima tabela demonstra a ordem de importância que as empresas entrevistadas forneceram para as chamadas normativas quanto ao comportamento socialmente responsável.

Tabela VIII – Difusão de normas e valores de RSC[41]

	Área relacionada com RSC
1	Publicação de relatório anual de RSC e Sustentabilidade
2	Conferências anuais, fóruns, seminários (ex. Conferência Instituto Ethos; Fóruns relacionados com setor – sustentabilidade / mudança climática)
3	Grupos de trabalho relacionados com RSC dentro de associações profissionais e industriais (ex. ABCE; ABRACE; ABRADEE)
4	Prêmios e recompensas
5	Publicações (ex. Guia de sustentabilidade da revista Exame)
6	Cursos de treinamento em responsabilidade social corporativa

Como resultado, seguindo a publicação do relatório anual de RSC/ Sustentabilidade que – como foi acima mencionado – é obrigatório para empresas de energia elétrica no Brasil, os gestores de RSC das empresas entrevistadas atribuem mais valor às conferências em RSC; grupos de trabalho dentro de associações profissionais e industriais; e prêmios.

Além disso, o isomorfismo normativo acontece através de outros meios (ver Tabela VIII) que têm contribuído para a difusão de normas e valores da RSC no setor elétrico

---

[41] As companhias foram solicitadas a priorizar seu compromisso com uma ou mais das áreas relacionadas com RSC em ordem de importância (1 é a mais importante e 6 é a menos importante).Os dados apresentados consideram o grau de importância com maior frequência entre as entrevistadas.

brasileiro. Assim, por exemplo, para participar no mercado de ações, com índices relativos à sustentabilidade (ex. Índice de Sustentabilidade Empresarial – ISE/Bovespa; Índice Dow Jones de Sustentabilidade) ou para implementar normas socioambientais (ex. ISO 14001; ISO 26000; Índice do Instituto Ethos), as empresas devem estar em conformidade com as normas estabelecidas nas condições destes mecanismos e, dessa maneira, contribuem para a sua difusão. Na opinião de um gestor de RSC, "os índices e padrões geralmente avaliam a performance social e ambiental da empresa, permitindo que façamos um diagnóstico dos pontos fortes e fracos da empresa relativos à RSC. Além disso, esses mecanismos tendem a direcionar práticas de RSC no setor elétrico" (Empresa "C").

Da mesma forma, aproximadamente 7 empresas entrevistadas aderiram voluntariamente ao Pacto Global das Nações Unidas (ver Tabela IX), que contém vários princípios que promovem a RSC. Por meio desta decisão, as empresas de energia elétrica brasileira têm conseguido aumentar sua legitimidade, sendo este também um recurso importante para assegurar a sua sobrevivência.

Tabela IX – Chamadas institucionalizadas para
comportamentos corporativos socialmente responsáveis

Iniciativas/normas/índices de RSC	Frequência[42]
Relatório da Responsabilidade Social Corporativa da ANEEL	12
Objetivos do Milênio – ONU	8
ISO 9001	8
Índice de Sustentabilidade Empresarial (ISE/Bovespa)	7
Global Reporting Initiative (GRI)	7
Índice do Instituto Ethos	7
ISO 14001	6
Pacto Global das Nações Unidas	6
Índice Dow Jones de Sustentabilidade	5
OHSAS 18001	3
ISO 26000	2
SA 8000	1
Os Princípios do Equador	0

As organizações também estarão propensas a atuar de
maneira socialmente responsável se pertencerem a
associações da indústria organizadas de modo que promova
um comportamento socialmente responsável. Conforme a
nova teoria institucional, as organizações interagem através
de associações profissionais e industriais, o que ajuda a
difundir ideias entre elas[43].

---

[42] Entrevistadas conseguiram selecionar mais de uma opção (caixa de
seleção), portanto, a frequência pode somar mais de 13 (100%) respostas.
[43] DiMaggio e Powell, 1983; Mizruchi e Fein, 1999

Com relação à sua afiliação com associações industriais que promovem comportamentos corporativos socialmente responsáveis, uma entrevistada mencionou "nossa participação no Prêmio de Sustentabilidade da ABRADEE assegura nosso compromisso com as normas e valores da RSC auxiliados por esta associação" (Gestor de RSC – Empresa "D").

Os acionistas também são uma fonte importante de pressão normativa para a adoção de práticas corporativas. No setor elétrico brasileiro, os principais acionistas são os maiores consumidores de energia industrial e as empresas de construção[44]. Essas empresas contribuem para a difusão de normas e valores de RSC, convidando as empresas de energia elétrica a participarem de reuniões, seminários e conferências sobre a prática de RSC e sustentabilidade. Além disso, segundo o gestor de RSC da Empresa "E", um dos acionistas da empresa aconselhou e orientou para elaborar seu relatório anual de RSC de acordo com as diretrizes do relatório de sustentabilidade da GRI.

O diálogo institucionalizado com stakeholders também pode promover o comportamento socialmente responsável. As empresas brasileiras de energia elétrica têm seus próprios canais de comunicação e diálogo com seu público de

---

[44] ABRACE, 2012

interesse (ver Tabela X). Especificamente para a questão "Qual é o objetivo das atividades de RSC com relação aos públicos de interesse abordados?" uma entrevistada adicionou que "os canais de diálogo nos permite conhecer os requisitos e interesses dos nossos *stakeholders*, os quais são subsequentemente levados em consideração para estabelecer nossas políticas e estratégias de RSC" (gestor de RSC – Empresa "G"). Assim sendo, podemos deduzir que esses canais de comunicação permitem que as empresas de energia elétrica tenham uma melhor apreciação e levem em consideração as preocupações de seus públicos de interessados e assim atuam de maneira socialmente mais responsável.

Tabela X – Principais canais de diálogo com os públicos de interesse[45]

Públicos de interesse	Partes	Práticas de empenho	Canais de diálogo
Comunidades locais	Residentes, proprietários de terra, comunidades indígena, e igrejas das cidades do entorno	Parceria em programas sociais e ambientais	Participação em comitês; campanhas de doações; relatório de sustentabilidade
Governo	Governos Federal, Estadual e Municipal	Envolvimento em programas sociais e ambientais	Participação em comitês; gerenciamento de relação pública especial; campanhas de doação; relatório de sustentabilidade
Acionistas e investidores institucionais	Bancos, empresas estatais, empresas de infraestrutura	Políticas socioambientais e requisitos para investimento	Atendimento ao investidor; relatórios anuais; página internet; intranet; reuniões
Funcionários	Funcionários, estagiários; e provedores de serviços	Treinamento e desenvolvimento profissional; comunicação interna	Comitê para diálogo social; questionário de satisfação; intranet
Representantes locais das agências reguladoras	ANEEL (Agência Nacional de Energia Elétrica); autoridades locais de minas e energia; conselho nacional do meio ambiente e trabalho	Relação Institucional; suporte de atividades sociais, ambientais e de segurança	Reuniões; newsletters; relatórios informativos

[45] Elaborada pela autora, baseada nos relatórios anuais das companhias; relatórios de sustentabilidade e governança corporativa; e páginas da internet. Esta não é uma lista completa, mas uma seleção representativa.

ONGs e organizações de movimento social	Organizações relativas ao desenvolvimento social, direitos humanos, reassentamento, biodiversidade, água, mudança climática	Parceria no desenvolvimento específico de projetos sociais e ambientais	Reuniões; fóruns; seminários; Divisão de Desenvolvimento de Sustentabilidade e Meio Ambiente
Organizações Internacionais	Global Reporting Initiative Pacto Global das Nações Unidas; 'Objetivos do Milênio das Nações Unidas; CEBDS; IHA; Fundos Internacionais	Parcerias em programas sociais e ambientais, cooperação técnica e científica e compromissos ambientais.	Informativos; reuniões; eventos; Relatório de Sustentabilidade; acordos de cooperação técnica
Clientes	Consumidores de energia elétrica industrial e residencial (somente para empresas de distribuição)	Transparência em fornecer informações	Centro de Serviço ao Cliente; diálogo institucionalizado com associações de consumidores
Fornecedores	SMEs; grandes empresas; provedores de serviço	Oportunidades comerciais e incentivo para práticas sustentáveis; Critérios para registro, seleção e procedimentos de licitação (somente para empresas estatais)	Centro de Serviço ao Fornecedor; reuniões; seminários; portal de compras
Associações profissionais e industriais	Instituto Ethos; GIFE; IDIS; ABCE; ABRACE; ABRATE; ABRADEE; ABRAGE	Oportunidades comerciais e incentivo para práticas sustentáveis	Reuniões; newsletters; participação em comitês e grupos de trabalho

Resumo do Capítulo

As corporações tendem a agir de forma socialmente responsável se as instituições normativas ou culturais estiverem de uma forma que crie o conjunto adequado de incentivos para tal comportamento.

A ideia fundamental é que os gestores procurem atuar de uma forma que seja considerada apropriada por outros gestores e agentes significantes em seu ambiente. De fato, todos os gestores e assistentes de RSC que responderam o questionário de pesquisa, deram uma importância maior às conferências e seminários relativos à RSC (ex. Conferência do Instituto Ethos); grupos de trabalho dentro de associações profissionais e industriais (ex. ABCE, ABRACE, ABRADEE); premiações (ex. prêmio ABRADEE); e publicações (ex. guia de sustentabilidade da revista Exame).

Da mesma forma, os índices do mercado de ações relativos à sustentabilidade (ex. Índice de Sustentabilidade Empresarial – ISE/Bovespa; e Índice Dow Jones de Sustentabilidade) e normas socioambientais (ex. ISO 14001; ISO 26000; e Indicadores do Instituto Ethos) são uma chamada normativa para o comportamento socialmente responsável para o qual as empresas brasileiras de energia elétrica se agrupam formalmente. Essas organizações têm orientação de resultado final que integra uma gama de questões sociais, de sustentabilidade e dos *stakeholders*aos modelos comerciais das empresas.

Conforme apresentado anteriormente, associações comerciais e profissionais tais como o Instituto Ethos, GIFE, ABCE, ABRADEE, têm sido influentes para encorajar a responsabilidade social no setor elétrico brasileiro. Nesse sentido, quando as empresas pertencem a associações comerciais e profissionais e interagem em uma base mais sistemática e frequente com seus pares, elas estão mais propensas a desenvolver uma visão relativamente de longo prazo dos seus interesses e promover um certo ambiente normativo que seja propício à RSC[46].

Neste sentido, as conexões entre RSC e a competitividade são específicas do setor, significando que uma abordagem setorial à adoção e difusão da RSC é, portanto, mais eficaz do que uma abordagem generalizada[47]. Isto pode ser obtido com a ajuda de iniciativas setoriais e associações comerciais do setor, bem como pela implementação de políticas públicas de RSC em nível nacional.

Uma proposição adicional sobre a pressão normativa é que as corporações atuam de forma socialmente mais

---

[46] Campbell, 2007
[47] Martinuzzi et al., 2010

responsável como resultado do diálogo institucionalizado com grupos da comunidade, governo, investidores e outros públicos de interesse. Isso acontece porque os padrões de interação afetam como os agentes percebem e definem as suas situações[48].

Através da deliberação institucionalizada, discurso e o diálogo entre as corporações e os públicos de interesse das comunidades, os interesses das partes ordinariamente antagônicas são frequentemente redefinidos e os agentes começam a expandir o que eles acreditam serem práticas socialmente e ambientalmente responsáveis[49]. Por exemplo, na área da regulação socioambiental, na qual as empresas de energia elétrica atuam, elas precisam desenvolver e manter canais de diálogo eficazes com os governos locais, representantes locais de agências federais reguladoras, ONGs locais, membros da comunidade e outros, para, coletivamente, estabelecer, monitorar, e avaliar as normas iniciais de performance. Além disso, este tipo de regulação baseada em diálogo é frequentemente visualizado como uma maneira de superar as imperfeições da regulação industrial convencional

---

[48] Campbell 2006; 2007
[49] Karkkainen et al., 2000

Os acionistas constituem uma importante fonte de pressão normativa para a adoção de práticas comerciais pelas organizações em um campo organizacional. No setor elétrico brasileiro, os principais acionistas são os grandes consumidores de energia industrial tais como Alcoa, ArcelorMittal, Bayer, Dow Chemical, Nestlé, Vale; e empresas de infraestrutura – Votorantim, Camargo Corrêa, Odebrecht[50]. De acordo com os entrevistados, essas empresas contribuíram para a difusão de normas e valores de RSC por meio de reuniões regulares, seminários e conferências sobre as práticas de RSC e sustentabilidade, aos quais as empresas de energia elétrica são convidadas a comparecer.

Reconhecidamente, uma vez que empresas pares começam a se comportar de maneira socialmente responsável, outras podem fazer o mesmo, não tanto porque elas necessariamente apoiem a ideia dos princípios normativos que toleram tal comportamento, mas porque as empresas frequentemente imitam o que as outras fazem em seus ambientes corporativos com o intuito de assemelhar sua legitimidade[51].

---

[50] ABRACE, 2012
[51] DiMaggio e Powell, 1983

2.3 BOAS PRÁTICAS DE RESPONSABILIDADE SOCIAL

O isomorfismo mimético acontece como resultado da incerteza[52], e ele ocorre porque as organizações estão motivadas pela sua interpretação dos comportamentos bem sucedidos das outras. Portanto, em situações nas quais um curso claro de ação não está disponível, as corporações podem decidir que a melhor resposta é imitar uma empresa que elas percebam ser mais correta e bem sucedida. Na questão "A sua empresa analisa estratégias de RSC bem sucedidas desenvolvidas por outras empresas?" todos os entrevistados indicaram que regularmente consideram estratégias de RSC eficazes desenvolvidas pelos acionistas e outras empresas de energia elétrica. Com relação a isto, uma gestora de RSC comentou que "a empresa considera seus acionistas como um ponto de referência, devido à sua forte performance em responsabilidade socioambiental" (Empresa "F").

As corporações são frequentemente caracterizadas como inovadoras ou adotantes[53]. Inovadoras são aquelas corporações que desenvolvem novas práticas organizacionais

---

[52] DiMaggio e Powell, 1983
[53] Dillard et al., 2004

(aqui, a RSC) dentro dos limites das práticas do campo organizacional. Adotantes são aquelas corporações que adotam as práticas da inovadora. As práticas das adotantes são legitimadas pelo sucesso das práticas da inovadora e das práticas e critérios do campo organizacional. Para a questão "Quais empresas são as inovadoras em RSC no setor de energia elétrica brasileiro?" algumas das maiores empresas de energia elétrica foram destacadas pelas entrevistadas como 'inovadoras em RSC'.

Da mesma forma, os índices e prêmios de RSC contribuem para identificar os fatores-chave e para entender as boas práticas de RSC. Não surpreende que as empresas mencionadas pelas entrevistadas como 'inovadoras em RSC' são classificadas no Índice de Sustentabilidade Empresarial (ISE/Bovespa) e foram premiadas por diferentes instituições que promovem o comportamento corporativo socialmente responsável. Além disso, padrões para relatórios tais como o GRI e a abordagem focada em liderança do Pacto Global das Nações Unidas, podem ser um gatilho adicional dos mecanismos miméticos

Resumo do Capítulo

Sob condições de incerteza, uma empresa poderá imitar organizações similares em seu campo que sejam percebidas por serem mais legítimas ou bem sucedidas, mais provavelmente os gestores irão imitar aquelas firmas com as quais eles possuem algum laço dentro da sua rede de relacionamento[54]. Os gestores de RSC das empresas entrevistadas declararam que geralmente utilizam informações colhidas por meio de redes interpessoais, extraorganizacionais, (ex. acionistas e outros membros de associações comerciais e profissionais) para analisar as boas práticas em RSC e tomar decisões no seu curso da ação.

Em geral, as maiores empresas de energia elétrica foram distinguidas pelos entrevistados como 'inovadoras em RSC' no setor elétrico brasileiro, significando que elas desenvolveram esta prática e difundiram comportamentos corporativos socialmente responsáveis dentro dos limites do seu campo organizacional. No processo mimético, a RSC das 'adotantes' é legitimada pelo sucesso das práticas das inovadoras[55].

---

[54] Galaskiewicz e Wasserman, 1989
[55] Dillard et al., 2004

Padrões de relatórios, tais como GRI, que detalham os parâmetros nos quais a performance social corporativa deve ser avaliada e, como mencionado neste estudo de caso, são geralmente desenvolvidos por afiliação ou orientação das organizações de RSC, podem ser um dispositivo adicional dos mecanismos miméticos, assim como é a abordagem focada em liderança do Pacto Global das Nações Unidas.

3 Perspectivas futuras para práticas de responsabilidade social no setor elétrico brasileiro

O ambiente institucional nacional é importante para moldar as práticas de RSC. Fatores econômicos, políticos e sociais influenciam o contexto regulador, as expectativas normativas, as atitudes e a experiência compartilhada que dão base para as atividades de RSC. Além disso, o nível de comprometimento de uma empresa com a RSC deverá ser influenciado pelos agentes e agências nacionais e transnacionais.

Os fatores institucionais sob os quais as empresas brasileiras de energia elétrica agem de forma socialmente responsável, foram analisados considerando três mecanismos – pressões isomórficas coercivas, normativas e miméticas. Combinando as proposições de Campbell (2006; 2007) e os elementos de evidência empírica, a tabela a seguir fornece um resumo.

Tabela XI – Fatores que influenciam o comportamento
corporativo socialmente responsável em empresas brasileiras
de energia elétrica[56]

Pressões isomórficas		Proposições	Elementos de evidência empírica
Coerciva	P1	Sanção por meio de regulamentos do Estado.	- Envolvimento nos programas de desenvolvimento social do governo brasileiro; - Leis de incentivo fiscal para investir em projetos sociais; - Resolução ANEEL na divulgação de práticas de RSC; - Regulamentos ambientais (ex. Resolução CONAMA).
	P2	Presença de autorregulação industrial.	- Programas da associação industrial (ABRADEE); - Redes de Multi-*Stakeholders* (Protocolo de Avaliação de Sustentabilidade de Hidrelétrica).
	P3	Existência de organizações independentes que monitoram o comportamento das empresas.	- Divulgação de relatórios de sustentabilidade seguindo diretrizes GRI (ex. Suplemento do Setor de Energia Elétrica - EUSS); - ONGs relativas a problemas de biodiversidade, povos indígenas, e reassentamento; - Movimentos sociais (Movimento dos Atingidos por Barragens - MAB); - Investidores institucionais (BNDES).
Normativa	P4	Incidência de chamadas normativas institucionalizadas para comportamento socialmente responsável.	- Conferência anual / seminários sobre RSC/sustentabilidade; - Prêmio de RSC (Prêmio de Sustentabilidade da revista Exame);

---

[56] Tabela elaborada pela autora.

			- Normas e índices de RSC (ex. ISO; GRI; Índice Instituto Ethos; Índice de Sustentabilidade Empresarial - ISE/Bovespa);
	P5	Afiliação a associações industriais que promovem o comportamento socialmente responsável.	- Grupos de trabalho relativos à RSC dentro de associações profissionais e industriais (Instituto Ethos, GIFE, ABCE, ABRADEE).
	P6	Envolvimento no diálogo institucionalizado com os públicos de interesse.	- Canais de diálogo com governos locais, representantes locais de agências federais reguladoras, ONGs locais, comunidade local, acionistas e outros públicos de interesse.
Mimética	P7	Presença de organizações similares percebidas como sendo mais legítimas.	- Redes extraorganizacionais e interpessoais (ex. acionistas e outros membros de associações comerciais e profissionais); - Inovadoras em RSC – especialmente as maiores empresas de energia elétrica; - Boas práticas em RSC (padrões de relatórios e outros mecanismos).

Pilares regulatórios, normativos e cognitivos estabelecem o ambiente institucional onde as corporações operam. Esses elementos têm um impacto importante sobre a difusão da prática organizacional (aqui, a RSC), pois eles podem limitar ou expandir o conjunto de alternativas potenciais[57].

---

[57] Delmas, 2002

Para resumir de maneira sucinta, discute-se que as empresas brasileiras de energia elétrica estão propensas a atuar de maneira socialmente responsável devido à forte regulação do estado sobre preocupações sociais e ambientais, bem como sobre a divulgação de relatórios de RSC. As leis de incentivos fiscais para o investimento social também desempenham o seu papel em reforçar comportamentos corporativos socialmente responsáveis. Além disso, a autorregulação industrial coletiva (ex. programas de associações industriais, e redes de múltiplos públicos de interesse); o monitoramento corporativo pelas ONGs e outras organizações independentes; e a incidência de um ambiente institucional normativo encoraja o comportamento corporativo socialmente responsável.

Além do mais, o comportamento corporativo socialmente responsável ocorre contanto que as empresas brasileiras de energia elétrica pertençam a associações profissionais e industriais (ex. Instituto Ethos, GIFE, ABCE, ABRADEE); tenham o compromisso do diálogo institucionalizado com os diversos públicos de interesse; e busquem legitimidade por meio do alinhamento com as boas práticas de RSC.

Como resultado desta discussão, também pode ser concluído que as questões de RSC são altamente específicas do setor e, portanto, uma série de processos de ajuste na agenda do setor elétrico é essencial para suportar a integração da RSC na cadeia de valor das empresas brasileiras de energia elétrica e suas decisões estratégicas sobre as maiores preocupações socioambientais. Envolver os públicos de interesse e comunicar forças e fraquezas, ameaças e oportunidades do respectivo setor, asseguram a transparência e ajudam a ganhar a confiança do grande público.

Em suma, elementos relevantes da nova teoria institucional foram aplicados para entender os fatores que influenciam as empresas brasileiras de energia elétrica a se comportarem de forma socialmente responsável. O mais importante é que lições foram aprendidas sobre como as forças institucionais e organizacionais podem influenciar na tomada de decisão dos gestores sobre as estratégias de RSC.

Recomendações

O comportamento corporativo socialmente responsável estimula a performance corporativa e, por sua vez, melhora a performance econômica nacional e a competitividade. Portanto, decisores políticos e outros líderes – incluindo profissionais – são encorajados em promover a criação e desenvolvimento contínuo dos tipos de instituições discutidos neste estudo. Em um campo organizacional com características similares ao setor elétrico brasileiro, os decisores políticos poderiam usar vários meios de comunicação para contribuir e difundir comportamentos socialmente responsáveis, tais como a promoção de um diálogo social entre os vários agentes (por exemplo, organizações, sindicatos, organizações não governamentais) a respeito de comportamentos adequados ao setor; o suporte para organizações de movimento social que apoiam a RSC; a negociação e a procura pelo consenso no projeto de um regulamento que promove comportamentos socialmente responsáveis; e o suporte para organizações independentes que monitoram o comportamento e práticas das organizações.

Os profissionais podem facilitar a adoção e a difusão dos comportamentos socialmente responsáveis em sua organização e seu campo organizacional por meio de sua participação em: diálogo social setorial e a procura pelo consenso com outros agentes sociais; projeto de uma autorregulação industrial que promove comportamentos socialmente responsáveis; índices de RSC, premiações estabelecidas por agentes externos; associações empresariais que promovem a RSC; e a difusão de normas e valores de RSC através de publicações, programas de treinamento, conferências e seminários.

REFERÊNCIAS

ABRACE - Associação Brasileira das Empresas Geradoras de Energia Elétrica. 2012. *Lista de Membros.* http://abrace.org.br/associados/, acessado em Agosto, 2012.

Associação Internacional de Hidrelétricas – IHA. 2012. *Hydropower Sustainability Assessment Protocol.* http://www.hydropower.org/iha/sustainability/index.html, acessado em Julho, 2012.

Blindheim, B-T. 2010. *Towards a Convergent Institutional Perspective on Corporate Social Responsibility (CSR).* Unpublished doctoral dissertation, University of Stavanger, Norway.

Campbell, J. 2006. Institutional analysis and the paradox of corporate social responsibility. *The American Behavioral Scientist*, 49(7): 925-938.

Campbell, J. 2007. Why would corporations behave in socially responsible ways? An institutional theory of corporate social responsibility. *Academy of Management Review*, 32(3): 946-967.

Conceição, S., Brito, P., Silva, S. e Baqueiro, A. 2011. Nível de comunicação e fatores determinantes no disclosure voluntário em responsabilidade social corporativa (RSC): um estudo com empresas do segmento de energia elétrica listadas na Bovespa. *8° Congresso USP de Iniciação Científica em Contabilidade.* São Paulo: USP.

Delmas, M. 2002. The diffusion of environmental management standards in Europe and in the United States: an institutional perspective. *Policy Science,* 35 (1): 91-119.

Detomasi, D. A. 2007. The Multinational Corporations and Global Governance: Modelling Global Public Policy Networks. *Journal of Business Ethics*, 71: 321- 334.

Dillard, F.; Rigsby, J. e Goodman, C. 2004. The making and remaking of organization context: duality and the institutionalization process. *Accounting, Auditing & Accountability Journal*, 17(4): 506-542.

DiMaggio, P. e Powell, W. 1983.The iron cage revisited: institutional isomorphism and collective rationality in organizational fields. *American Sociological Review*, 48: 147-160.

Duarte, F. 2010. Working with Corporate Social Responsibility in Brazilian Companies: The Role of Managers' Values in the Maintenance of CSR Cultures. *Journal of Business Ethics*, 96: 355-368.

EPE – Empresa de Pesquisa Energética. 2012. Balanço Energético Nacional 2012 (ano base 2011). Rio de Janeiro: EPE.

Galaskiewicz, J. e Wasserman, S. 1989. Mimetic processes within an interorganizational field: an empirical test. *Administrative Science Quarterly*, 34: 454-479.

Gupta, A. e Lad, L. 1983. Industry Self-Regulation: An Economic, Organizational, and Political Analysis. *The Academy of Management Review*, 8(3): 416-425.

GRI, 2012. *Electric Utilities*. https://www.globalreporting.org/reporting/sector-guidance/electric-utilities/Pages/default.aspx, acessado em Julho, 2012.

Griesse, M. A. 2007. Caterpillar's Interactions with Piracicaba, Brazil: A Community-   Based   Analysis   of   CSR. *Journal of Business Ethics*, 73(1): 39-51.

Haslam, P.A. 2004. The Corporate Social Responsibility System in Latin America and   the   Caribbean   - Policy Paper. *Canadian Foundation for the Americas.* www.focal.ca, acessado em Julho, 2012.

Holanda, A.; Almada, S.; De Lucca, M e Gallon, A. 2011. O desempenho socioambiental nas empresas do setor elétrico brasileiro: uma questão   relevante   para   o desempenho financeiro?. *Revista de Gestão Social e Ambiental - RGSA*, 5(3): 53-72.

Instituto Ethos. 2002. *Indicador Pesquisa de Mercado: Responsabilidade Social das Empresas - Percepção do Consumidor Brasileiro.* São Paulo: Instituto Ethos de Empresas e Responsabilidade Social.

Karkkainen, B., Fung, A. e Sabel, C. 2000. After backyard environmentalism: toward   a   performance-based regime   of   environmental   regulation.   *American Behavioral Scientist*, 44(4): 692-711.

Lee, M. 2008. A review of the theories of corporate social responsibility: its   evolutionary path and the road ahead. *International Journal of Management Reviews*, 10(1): 53-73.

Maignan, I. e Ralston, D. 2002. Corporate social responsibility in Europe and the   US: insights from businesses' self-presentations. *Journal of InternationalBusiness Studies*, 33(3): 497-514.

Martinuzzi, A.; Gisch-Boie, S e Wiman, A. 2010. *Does Corporate Responsibility   Pay Off? Exploring the links between   CSR   and   competitiveness   in   Europe's industrial sectors*. Paper published in the scientific series of the Research Institute for Managing Sustainability. Vienna: Vienna University of Economics and Business Administration.

Matten, D. e Moon, J. 2008. "Implicit" and "Explicit" CSR: A Conceptual Framework for a Comparative Understanding of Corporate Social Responsibility. *Academy of Management Review*, 33(2): 404–424.

Ministério dos Esportes. 2012. *Lei Federal de Incentivo ao Esporte*. http://www.esporte.gov.br/leiIncentivoEsporte/default.js p, acessado em Julho, 2012.

Mizruchi, M. e Fein, L. 1999. The social construction of organizational knowledge: a study of the uses of coercive, mimetic, and normative isomorphism. *Administrative Science Quarterly*, 44(4): 653-683.

Monzoni, M., Biderman, R., Ferraz, C. e Pinto, D. 2008. *Juruti Sustentável: um modelo de desenvolvimento local*. São Paulo: GVces.

MME. 2012. *Ministério de Minas e Energia home page*. http://www.mme.gov.br, acessado em Julho, 2012.

Pacto Global das Nações Unidas. 2012. *Participants & Stakeholders*. http://www.unglobalcompact.org/participants/search, acessado em Julho, 2012.

Scharf, R. 2009. Why Brazil Leads the Region in CSR. *Americas Quarterly*, 2(1): 68. http://www.americasquarterly.org/node/288, July 20.

Visser, W. 2008. Corporate Social Responsibility in Developing Countries. In A. Crane, A. McWilliams, D.

Matten, J. Moon & D. S. Siegel (Eds.), *The Oxford Handbook of Corporate Social Responsibility*: 473-499. Oxford: Oxford University Press.

Young, R. 2004. Dilemmas and advances in corporate social responsibility in Brazil: the work of the Ethos Institute. Natural Resources Forum, 28(4): 291-301.

APÊNDICE A - Questionário de coleta de dados

Você está convidado a participar desta pesquisa que integra a minha dissertação de mestrado sobre os elementos que determinam o comportamento socialmente responsável de empresas que operam no setor elétrico brasileiro. Este projeto está sendo desenvolvido em parceria com a Associação Brasileira de Empresas de Energia Elétrica (ABCE) e os resultados ajudarão a compreender a relação entre as práticas de responsabilidade social corporativa (RSC) e a cadeia de valor das empresas do setor elétrico brasileiro.

Sua participação neste estudo é muito importante. Não há riscos previsíveis associados a este projeto e suas respostas serão estritamente confidenciais. Os dados desta pesquisa serão relatados apenas de forma agregada e as informações serão codificadas.

Se você tiver qualquer dúvida sobre a pesquisa ou o procedimento, entre em contato comigo através do e-mail karina.ruffo@gmail.com. Você levará cerca de 10 minutos para completar este questionário.

Muito obrigada!
Karina Ruffo

Data: ___ / ___ / ___

Nome da empresa: _____

Nome do respondente: _____

Cargo / responsabilidade: _____

E-mail: _____ Tel:. (___) _____

<u>(Informação apenas para fins de registro)</u>

PARTE I

<u>Estratégia de Responsabilidade Social</u>

1. Com relação à responsabilidade social, a sua empresa pertence ao grupo de:

☐ "Recém-chegados" à responsabilidade social (Não-iniciados ao conceito de responsabilidade social, com nenhum ou apenas conhecimento básico)

☐ "Adota" responsabilidade social (Amplo conhecimento do conceito de responsabilidade social com implementação de medidas adequadas)

☐ "Líderes" em responsabilidade social (Pioneiro, exemplo de melhores práticas em responsabilidade social e definição de normas)

2. Como está estruturalmente organizada a área de responsabilidade social na sua empresa?

Departamento próprio de responsabilidade social

Abordagem multifuncional / Colaboração

Nenhuma estrutura organizacional de responsabilidade social

3. Qual o interesse da sua empresa aplicar estratégias de responsabilidade social? (Você pode escolher mais de uma resposta)

☐ Melhores sistemas de gestão

☐ Redução de custos

☐ Atração de novos investidores

☐ Obrigações legais ou regulamentares

☐ Preocupações ambientais relacionadas aos produtos /

☐ serviços

☐ Preocupações sociais relacionadas aos produtos / serviços

☐ Filantropia

☐ Pressão da comunidade local / expectativas da sociedade

☐ Pressão da concorrência

☐ Demanda de informações por parte dos stakeholders

Outros: _____

4. Quais os principais stakeholders a sua empresa objetiva envolver através de iniciativas de responsabilidade social? (Você pode escolher mais de uma resposta)

- ☐ Organizações Não-Governamentais (ONGs)
- ☐ Empregados
- ☐ Acionistas
- ☐ Fornecedores
- ☐ Associações industriais
- ☐ Clientes / consumidores
- ☐ Outras empresas do setor elétrico
- ☐ Governo
- ☐ Órgãos reguladores
- ☐ Comunidades Locais
- ☐ Organizações de movimentos sociais

Outros: _____

5. Qual é o objetivo das atividades de responsabilidade social com relação aos stakeholders envolvidos? (Você pode

- ☐ escolher mais de uma resposta)
- ☐ Melhoria do desempenho organizacional interno
- ☐ Atração / retenção de empregados
- ☐ Avaliação do impacto social e ambiental

Análise das necessidades e expectativas dos

clientes/consumidores

☐ Assistência social para os empregados

☐ Benchmarking (referência no mercado)

☐ Fornecimento de um relatório global

☐ Perspectiva futura de negócios

☐ Fornecimento de informações

Outros: _____

6. Quais atividades de responsabilidade social a sua empresa está desenvolvendo atualmente? (Favor fornecer um breve resumo - segmento / objetivo / público-alvo)

_____

PARTE II

<u>Fatores externos</u>

7. A sua empresa adere formalmente a uma ou mais das seguintes iniciativas / normas / índices nas áreas de meio ambiente e responsabilidade social? (Você pode escolher mais de uma resposta)

☐ ISO 9001

☐ ISO 14001

☐ ISO 26000

☐ SA 8000

☐ OHSAS 18001

☐ Princípios do Equador

☐ Global Reporting Initiative (GRI)

☐ Indicadores Ethos de Responsabilidade Social / Instituto
☐ Ethos

☐ Pacto Global / ONU

☐ Objetivos do Milênio / ONU

☐ Índice de Sustentabilidade Empresarial (ISE / Bovespa)

☐ Índice de Sustentabilidade Dow Jones

☐ Relatório de Responsabilidade Social Empresarial da
ANEEL

☐ Outros acordos socioambientais nacionais e/ou
internacionais

_____

8. Como estes padrões / índices impactam sobre as
estratégias de responsabilidade social da sua empresa?

_____

9. Você acha que os rankings / índices / prêmios de
responsabilidade social contribuem para a identificação
dos fatores-chave de responsabilidade social, bem como
para a sua difusão no setor elétrico brasileiro? Por favor,
explique.

_____

10. A sua empresa mantém um diálogo com os órgãos
reguladores e outros stakeholders com o objetivo de

construir um consenso para o desenvolvimento de regulação socioambiental a nível local e nacional? Por favor, explique.

---

11. A sua empresa se envolve com uma ou mais das seguintes arenas relacionadas à responsabilidade social empresarial? Por favor, priorize em ordem de importância (Atribua 1 para o mais importante e 6 para o menos importante).

☐ Publicações (ex.: Guia de Sustentabilidade / Revista
☐ Exame)
☐ Cursos e treinamentos em responsabilidade social
☐ Conferências anuais, fóruns e seminários (ex.: Conferência Anual do Instituto Ethos; Fóruns do Setor Elétrico relacionados aos temas de responsabilidade social e sustentabilidade)
☐ Publicação de relatório anual de sustentabilidade /
☐ responsabilidade social
☐ Premiações
Grupos de trabalho relacionados à responsabilidade social e sustentabilidade junto a associações profissionais e comerciais (ex.: ABCE, ABRACE, ABRADEE etc.)
Outros_____

12. Com relação aos três elementos mais importantes selecionados na pergunta anterior, de que forma eles impactam nos valores e estratégia de responsabilidade social da sua empresa?

_____

PARTE III

Boas práticas de responsabilidade social

13. Na sua opinião, quais são as empresas do setor elétrico brasileiro inovadoras em práticas de responsabilidade social? Por favor, explique.

_____

14. A sua empresa analisa regularmente estratégias bem sucedidas de responsabilidade social desenvolvidas por outras empresas? Por favor, exemplifique.

_____

15. Na sua opinião, quais são as perspectivas futuras para práticas de responsabilidade social no setor elétrico brasileiro? Por favor, reflita sobre os desafios e oportunidades para o setor.

_____

16. Por favor, indique outras empresas do setor elétrico brasileiro relevantes para participar deste estudo.

_____

APÊNDICE B - **Empresas-membro da ABCE**

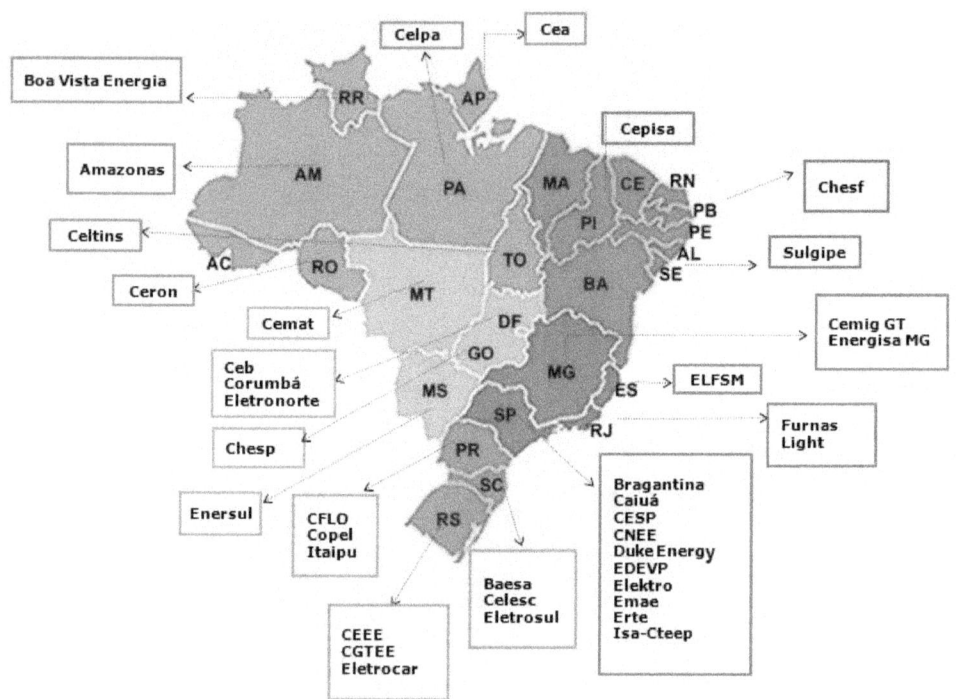

APÊNDICE C – Incentivos fiscais brasileiros para doações e investimentos sociais

1. Contribuições para entidades legais privadas sem fins lucrativos com status de OSCIP

Contribuições corporativas para Organizações da Sociedade Civil de Interesse Público (OSCIP) possibitam a dedução de até 2% do lucro operacional da base de cálculo da corporação antes da corporação calcular o seu imposto de renda devido [Lei 9.249/95 Artigo 13].

2. Contribuições para Projetos Culturais

A Lei No. 8.313/91 ("Lei Rouanet") criou o Programa Nacional de Cultura (Pronac), o qual permite que projetos aprovados pelo Ministério da Cultura recebam patrocínios e doações de empresas e pessoas, as quais poderão deduzir - total ou parcialmente – o montante investido do imposto de renda.

Sob esta lei, o tratamento de patrocínios difere daquele das doações. Uma empresa pode deduzir 40% do valor de sua doação e 30% do patrocínio de seu imposto de renda. O montante total da dedução não poderá exceder 4% do imposto devido total [Lei 8.313/91, Artigo 26 e Lei 9.532/97].

Uma pessoa poderá deduzir 80% do valor da sua doação e 60% do seu patrocínio do seu imposto de renda. O montante total da dedução não poderá exceder 6% do imposto devido total da pessoa [Lei 8,313/91, artigo 26 e Lei 9,532/97].

Além disso, pessoas e empresas poderão deduzir 100% do valor da doação e patrocínio se forem suportadas determinadas atividades tais como:

- Teatro;
- Livros ou artes, literatura e filosofia;
- Música erudita e instrumental;
- Exibições de artes; e
- Bibliotecas e museus.

Vários estados possuem leis relativas a contribuições para projetos culturais e isenção de impostos estaduais para doadores e patrocinadores. Alguns exemplos incluem a: Bahia - Lei 7.015/96; Ceará - Lei 13.811 de 16 de agosto de 2006; Rio de Janeiro - Decreto 22.486/86; Pernambuco - Lei 12.310 de 19 de dezembro de 2002, e São Paulo - Lei 12.268/2006.

Vários governos municipais também possuem leis que concedem deduções para atividades culturais. Exemplos incluem o: Rio de Janeiro - Lei Municipal No. 1.940, de 31 de dezembro de 1992 e São Paulo – Lei Municipal 10.923/90.

3. Contribuições para entidades legais privadas sem fins lucrativos certificadas pelo Conselho de Políticas Públicas para Crianças e para Adolescentes

O Conselho de Políticas Públicas para Crianças e para Adolescentes tem um Fundo composto por receita do governo, bem como doações corporativas e individuais. O fundo é usado para as Políticas Públicas para Crianças e para Adolescentes e pode ser distribuído para organizações certificadas. As doações para o Fundo podem ser deduzidas da seguinte forma:

- Doações corporativas – Dedução total da doação até o limite de 1% do imposto de renda devido; e

- Doações individuais - Dedução total da doação até o limite de 6% do imposto de renda devido.

4. Contribuições para Projetos Esportivos

Sob a Lei 11.438/06 regulada pelo Decreto No. 6 180/07, projetos aprovados pelo Ministério dos Esportes podem receber patrocínios e doações de empresas e pessoas. Todos os projetos devem ser aprovados por uma Comissão Técnica do Ministério antes de receber as doações ou patrocínios.

Pessoas poderão - total ou parcialmente - deduzir o montante investido do seu imposto de renda até o limite de 6%, e as empresas poderão deduzir até o limite de 1%. As doações e patrocínios que beneficiarem direta ou indiretamente as empresas ou pessoas que mantêm relações com o doador ou respectivo patrocinador não poderão ser dedutíveis.

Projetos combinando educação e esportes deverão envolver pelo menos 50% dos estudantes de escolas públicas da área adjacente onde os projetos serão feitos.

As doações incluem:

- passe livre de dinheiro, mercadorias e serviços para projetos (exceto para publicidade) envolvendo atividades esportivas e "para-esportivas"; e

- distribuição livre de entradas para os eventos esportivos e "para-esportivos" pelas empresas, para seus funcionários ou para comunidades carentes.

O máximo valor dedutível é fixado anualmente pelo Poder Executivo, baseado em taxas de tributação corporativas e individuais aplicáveis.

5. Contribuições para o Fundo Nacional do Idoso

A Lei 12.213/10 estabeleceu o Fundo Nacional do Idoso que deverá subsidiar programas e atividades que protegem os direitos sociais dos idosos e criar condições para promover sua autonomia, integração e participação efetiva na sociedade.

Os procedimentos a serem adotados pelos contribuintes para obter a dedução foram recentemente definidos pela Instrução Normativa da Receita Federal No. 1131, de 21 de fevereiro de 2011.

De acordo com esta Instrução Normativa, a soma das deduções derivadas de doações feitas ao Fundo Nacional do Idoso e ao Fundo dos Direitos da Criança e do Adolescente (ou para entidades legais privadas sem fins lucrativos, certificadas pelo Estado Nacional ou Conselho Municipal dos Direitos das Crianças e dos Adolescentes), não poderá exceder 1% do imposto de renda devido. As doações feitas para este fundo não podem ser deduzidas como despesas operacionais.

Finalmente, estabelece um limite total para as deduções que corresponde a 6% do imposto total devido, o qual inclui a soma de todas as deduções feitas para o Fundo para os Direitos das Crianças e dos Adolescentes, para o Fundo Nacional para Idosos, para projetos culturais, esportivos e "para-esportivos" e para atividades audiovisuais, projetos específicos e obras.

www.ingramcontent.com/pod-product-compliance
Lightning Source LLC
Chambersburg PA
CBHW051220170526
45166CB00005B/1980